BEI GRIN MACHT SICH IHR
WISSEN BEZAHLT

AF136234

- Wir veröffentlichen Ihre Hausarbeit,
  Bachelor- und Masterarbeit

- Ihr eigenes eBook und Buch -
  weltweit in allen wichtigen Shops

- Verdienen Sie an jedem Verkauf

Jetzt bei www.GRIN.com hochladen
und kostenlos publizieren

Psychosoziale Auswirkungen von Konflikten und die Betrachtung von verschiedenen Mediationsprojekten

Tina Kylau

Bibliografische Information der Deutschen Nationalbibliothek:

Die Deutsche Nationalbibliothek verzeichnet diese Publikation in der Deutschen Nationalbibliografie; detaillierte bibliografische Daten sind im Internet über http://dnb.d-nb.de abrufbar.

ISBN: 9783346751287
Dieses Buch ist auch als E-Book erhältlich.

Das Buch bei GRIN: https://www.grin.com/document/1290113

Aufgabe 1 a.

Sachverhaltskonflikte resultieren aus unterschiedlichen Ansichten und individuellen Beurteilungen von Sachverhalten. Aus diesen unterschiedlichen Perspektiven können unterschiedliche Darstellungen und Einschätzungen eines Sachverhalts entstehen. **Vermeintlich „richtige"** Daten und Fakten werden individuell interpretiert und somit anders bewertet. So können in diesem Zusammenhang auch Fehlinformationen entstehen. Die unterschiedlichen Wertschätzungen der Beteiligten kommen ebenfalls zum Tragen.[1] Häufig ist es so, dass sich hinter dem vermeintlichen Sachkonflikt ein persönlicher Konflikt aufgrund der abweichenden normativen Erwartungen der einzelnen Personen verbirgt.[2]

Konflikte wegen divergierenden Glaubensüberzeugungen sind Konflikte, die über die in Frage gestellten Wahrheiten über die Glaubensinhalte entstehen.[3] Die Überzeugungen in diesem Kontext beziehen sich auf Sachverhalte, „über die es keine objektiven Wissensquellen und allgemein akzeptierten Experten gibt"[4]. Dabei haben die erschaffenen und gedachten Wahrheiten ihren Ursprung nicht ausschließlich im religiösen Glaubensbereich. Diese Wahrheiten können Wahrheiten über Götter, Gebote und Verbote, Ideologien, aber auch über Menschbilder sein. Die Identifizierung mit bestimmten Wahrheiten hat für das Individuum eine höhere Wertigkeit im Sinne der Zugehörigkeit zu einer Gemeinschaft.[5] Aus diesem Grund sehen die Konfligierenden es als ihre Pflicht, für ihre Überzeugungen einzustehen.[6]

Konflikte wegen divergierenden Wertorientierungen entstehen aus den verschiedenen Prägungen der Menschen. Menschen werden sozialisiert von der Kultur, in der sie leben, ihrer eigenen Lebensumwelt und von ihren individuellen Erfahrungen. Daraus entwickeln sie ihre eigenen Werte und Normen.[7] Über alles, was wahrnehmbar ist, bildet der Mensch sich Werturteile. Werden die individuellen Werte nicht geteilt oder gar kritisiert,

---

[1] vgl. Auferkorte- Michaelis, Nicole/ Michaelis, Lars: Kommunikation- Grundlage mediativer Verfahren, Teil 2, S. 17
[2] vgl. Montada, Leo: Psychologie in der Mediation, Teil 1, 2020, S.18
[3] vgl. Montada: Psychologie in der Mediation, Teil 1, 2020, S.20
[4] Montada, Leo/ Kals, Elisabeth: Mediation, Psychologische Grundlagen und Perspektiven, 2013, S.107
[5] vgl. Montada: Psychologie in der Mediation, Teil 1, 2020, S.19
[6] vgl. Montada/ Kals: Mediation, Psychologische Grundlagen und Perspektiven, 2013, S.109
[7] vgl. Auferkorte- Michaelis/ Michaelis: Kommunikation- Grundlage mediativer Verfahren, Teil 2, S. 17

kann ein Konflikt entstehen.[8] Besonders problematisch wird es, wenn die Wertvorstellungen einander ausschließen,[9] und die jeweils gegenüberstehenden Wertorientierungen nicht kongruent mit den dahinterstehenden normativen Erwartungen des Gegenübers sind. Unter Werten und Wertvorstellungen lassen sich beispielsweise Familie, Sicherheit, Arbeit, Solidarität, Freiheit, Selbstbestimmung, gesellschaftliche Anerkennung fassen.[10] Meist haben die Beteiligten ihre individuellen Wertvorstellungen nicht bewusst und entsprechend nicht formuliert. Diese äußern sich eher unbewusst durch ihr Handeln und Tun, das wiederum das Konfliktpotenzial fördert.

Bei **Beziehungskonflikten** bildet die Art der Beziehung, in der die Beteiligten zueinanderstehen, eine Säule des Konflikts. Ausgehend von dieser Beziehung bilden die Beteiligten unbewusst normative Erwartungen.[11] Oberflächlich treten häufig Streitthemen zu Tage. Die Motive und die dahinter verborgenen Erwartungen gilt es zu ergründen, da diese die eigentlichen Ursachen des Konflikts darstellen. Durch abweichende normative Erwartungen, die an die jeweilige Beziehung der Beteiligten zueinander gekoppelt sind, können Konflikte entstehen. Durch diese individuellen Erwartungen kommt es auf der Beziehungsebene zu verletzten Gefühlen und persönlichen Kränkungen. Dieses äußert sich oftmals durch eine aggressive und zerstörerische Kommunikation.[12] Die Beteiligten kommunizieren verletzend, abwertend und beschuldigend miteinander. Es gibt keine gemeinsame Kommunikationsebene mehr und die Beziehung der Beteiligten leidet.

Bei einem Beziehungskonflikt ist zu unterscheiden, ob intrapersonelle Schwierigkeiten vorliegen oder interpersonelle Spannungen.[13] Bei Konflikten mit interpersonellen Spannungen handelt es sich um Konflikte zwischen zwei oder mehreren Konfliktparteien.

---

[8] vgl. Montada: Psychologie in der Mediation, Teil 1, 2020, S.22
[9] Auferkorte- Michael s/ Michaelis: Kommunikation- Grundlage mediativer Verfahren, Teil 2, S. 18
[10] vgl. Montada: Psychologie in der Mediation, Teil 1, 2020, S.22
[11] vgl. Montada: Psychologie in der Mediation, Teil 1, 2020, S.23
[12] vgl. Auferkorte- Michaelis/ Michaelis: Kommunikation- Grundlage mediativer Verfahren, Teil 2, S. 18
[13] vgl. Auferkorte- Michaelis/ Michaelis: Kommunikation- Grundlage mediativer Verfahren, Teil 2, S. 19

b.

Die Unterscheidung der Konfliktarten ist hilfreich, da die Konflikturcachen verschiedene Wurzeln haben. Abhängig von der Art des Konflikts, sind unterschiedliche Interventionsmöglichkeiten erforderlich. Bei einem Sachverhaltskonflikt steht „eine gemeinsame Strategie zur Informationsgewinnung"[14] im Fokus. Die Beteiligten sollen auf eine Kenntnis der Sachlage gelangen, um diese als Grundlage für eine nachhaltige Lösung nutzen zu können. Für diesen Prozess ist oft die Expertise eines Sachgutachters oder eines Experten auf einem Themengebiet notwendig. Dabei legen die Beteiligten fest, zu welchen Sachverhalten sie Expertise benötigen. Die Interpretationen des Sachverhalts der Beteiligten gilt es in dieser Art des Konflikts zu verändern und objektiv mit Hilfe Dritter zu bewerten. Die daraus gewonnenen Daten und Fakten werden dann gemeinsam bewertet und dienen als neue Basis für den Konfliktlösungsprozess. Auch bei einem vermeintlichen Sachverhaltskonflikt besteht die Möglichkeit, dass die Sache, um die gestritten wird, als ein Stellvertreter für einen anderen, tieferliegenden Konflikt, vordergründig auftritt. In diesem Fall ist die Tiefenstruktur des Konflikts noch nicht sichtbar. Im Laufe der Mediation ist es von zentraler Bedeutung, genau diese herauszuarbeiten, da es sich in diesem Fall um eine andere Konfliktart handelt, die entsprechend eine andere Intervention benötigt. Oft verbergen sich hinter vermeintlichen Konflikten über einen Sachverhalt, Beziehungskonflikte. In diesem Fall würde es bei einer objektiven Klärung zu einer Win- Lose- Situation kommen, da die Interessen und Motive unergründet bleiben würden.[15] Nur durch das Ergründen der Tiefenstruktur des Konflikts ist es möglich, den Konflikt nachhaltig zu klären.

In den anderen (unter a.) erläuterten Konfliktarten spielen die normativen Erwartungen der Beteiligten eine tragende Rolle. Diese können nicht über einen Gutachter ermittelt werden, stattdessen ist es hier elementar, dass genau diese herausgearbeitet und verbalisiert werden.

c.

---

[14] Auferkorte- Michaelis/ Michaelis: Kommunikation- Grundlage mediativer Verfahren, Teil 2, S. 17
[15] vgl. Montada/ Kals: Mediation, Psychologische Grundlagen und Perspektiven, 2013, S.106

In einem Mediationsverfahren ist es eine der Pflichten des Mediators allparteiisch und neutral zu sein. Bei einer zu frühen Festlegung auf eine bestimmte Konfliktart in einer Mediation, geht der Mediator das Risiko ein, dass er durch diese Festlegung seine Wahrnehmung und Offenheit im Verfahren einschränkt. In Verlauf des Konflikts vermischen sich drei Ebenen (vgl. Aufgabe 2a) eines Konflikts. Für die Beteiligten ist diese Unterscheidung in der Regel nicht klar und es ist die Aufgabe des Mediators, die einzelnen Ebenen differenziert zu betrachten und alle Konfliktursachen herauszuarbeiten.[16] Ist die Konfliktart im Kopf festgelegt, wird er möglicherweise unterbewusst versuchen, die Medianden in diese Richtung durch entsprechende Kommunikation zu unterstützen. Dabei kann es durch die Festlegung geschehen, dass er mögliche Botschaften in der Kommunikation der Medianden, die auf einer anderen Ebene geäußert werden, nicht mehr wahrnimmt oder anders interpretiert. Zusätzlich besteht das Risiko, dass ein Mediator, der seine Rolle als aktiver Mediator versteht, in dieser Situation den Konflikt stärker in die vermutete Richtung lenkt und die dann erarbeitete Lösung der Medianden den Konflikt nicht nachhaltig löst, da die eigentliche Ursache noch nicht herausgearbeitet wurde. Durch diese Form des Einschreitens des Mediators wäre seine Neutralität und seine Allparteilichkeit massiv gefährdet. Der Mediator muss zum einen in der Sache selbst neutral bleiben. Legt er die Konfliktart zu früh fest, verhindert er dadurch die Offenheit für andere Einflüsse im Verfahren. So kann sein Handeln nicht mehr als neutral eingestuft werden, da er durch den Ausschluss anderer Konfliktarten einen möglichen Lösungsweg ebnet, den er durch seine intervenierende Kommunikation im Rahmen der Konfliktart verfolgt. Seine Allparteilichkeit ist in diesem Falle ebenfalls gefährdet. Allparteilichkeit besagt, dass der Mediator immer von jeder beteiligten Partei der Vertreter ist. So liegt es im Sinne der aktiven Mediation auch in seinen Aufgaben, die schwächere Partei durch Empowerment zu stärken und so mögliche Machtungleichgewichte auszugleichen.[17] Hat der Mediator den Konflikt beispielsweise als einen Sachverhaltskonflikt eingestuft und folgt einer entsprechenden Intervention, kann ein möglicher Beziehungskonflikt nicht mehr herausgearbeitet werden. Nicht selten verbergen sich hinter Sachverhaltskonflikten,

---

[16] vgl. Auferkorte- Michaelis/ Michaelis: Kommunikation- Grundlage mediativer Verfahren, Teil 2, S. 15
[17] vgl. Montada: Psychologie in der Mediation, Teil 1, 2020, S.15

Beziehungskonflikte, die es in der Mediation gilt, herauszuarbeiten.[18] Oftmals tritt gerade im Zusammenhang mit einem Beziehungskonflikt ein Machtungleichgewicht der Beteiligten auf, wo eine Intervention im Sinne der Allparteilichkeit des Mediators erforderlich ist. Die Sachverhalte werden von den Parteien in dem Fall als Streitobjekt vorgeschoben. Hinter diesen Streitobjekten verbergen sich dann individuelle, normative Erwartungen. In diesem Fall ist es zieldienlich, dass der Mediator dies feststellt und die Parteien auf ihrem Weg unterstützt, die eigenen normativen Erwartungen herauszufinden und zu verbalisieren, um sie der anderen Seite, und auch der Partei selbst, bewusst zu machen. Die Beteiligten sind sich ihrer Erwartungen häufig selbst nicht im Klaren. Dieses herauszuarbeiten und von einem echten Sachverhaltskonflikt abzugrenzen, stellt eine Herausforderung in der Mediation dar und somit birgt es auch das Risiko, dass dieses durch zu frühe Festlegung nicht bemerkt wird.[19]

d.

(1) Die Aussagen deuten auf einen Konflikt wegen divergierender Wertorientierungen hin. Dieses ist aufgrund des Entsetzens des Vaters über den Berufswunsch seines Sohnes zu vermuten, ebenso unterstreicht die Aussage, dass der Berufswunsch etwas für Aussteiger und Faulenzer sei die Vermutung, die sich dahinter verbirgt, dass der Vater sich für seinen Sohn einen soliden, sicheren Beruf vorstellt, folglich der Wert Sicherheit und gesellschaftliche Anerkennung.

(2) Dieser Satz deutet ebenfalls auf einen Konflikt wegen divergierender Wertorientierungen hin, aber ebenso auf einen Sachverhaltskonflikt. Für den Vater gehört zu einem Beruf eine Ausbildung im Sinne einer in Deutschland anerkannten Berufsausbildung oder eines Studiums, da er hier sagt, dass Surflehrer kein Beruf sei, für den eine Ausbildung benötigt werde und daraus ergibt sich sein Wert der beruflichen Bildung. Andererseits könnte es auch sein, dass der Vater sich mit den Anforderungen und der Ausbildung des Berufes noch nicht auseinandergesetzt hat.

(3) Hinter dieser Aussage versteckt sich ein Beziehungskonflikt und damit einhergehend lässt sich ein Machtungleichgewicht vermuten. Der Vater hat seine eigenen normativen Erwartungen, in denen enthalten ist, dass er

---

[18] vgl. Montada: Psychologie in der Mediation, Teil 1, 2020, S.18f
[19] vgl. Montada: Psychologie in der Mediation, Teil 1, 2020, S.18f

aufgrund der finanziellen Unterstützung, die er seinem Sohn zukommen lassen will, ein Recht hat, über seine berufliche Zukunft mitzubestimmen. Somit stellt er sich ranghöher als seinen volljährigen Sohn und ist in einem Rollenmuster festgelegt.

(4) Diese Sätze deuten auf einen Konflikt wegen divergierender Wertorientierungen hin. Aus den Aussagen des Vaters lässt sich erlesen, dass für ihn klar ist, dass junge Menschen mit einem Abitur studieren müssen, und dass eben deshalb, dies angestrebte akademische Laufbahn als ein elementarer Wert für ihn gilt.

(5) Hinter dieser Aussage steckt ein Konflikt wegen divergierender Wertorientierungen. Einer der zentralen Werte des Vaters ist die Sicherheit.

(6) In dieser Aussage ist meiner Meinung nach ein Konflikt wegen divergierender Wertorientierungen verborgen. Zudem wird vermutet, dass hier ein intrapersoneller Konflikt des Vaters vorliegt, da dieser sich besorgt zeigt, über die Gedanken und Äußerungen seiner Mitmenschen bezüglich der Berufswahl seines Sohnes. Er ist vermutlich besorgt darüber, weil er möglicherweise denkt, dass er von einer sozialen Gruppe ausgeschlossen wird, weil sein Sohn nicht den akademischen Weg einschlägt.

(7) Unter der Aussage des Sohnes versteckt sich ein Konflikt wegen divergierender Wertorientierungen. Der Sohn hat den Wert der Selbstbestimmung für sein Leben, welcher im Gegensatz zum Wert der Mitbestimmung seitens des Vaters, steht.

(8) Hier verbirgt sich ein Beziehungskonflikt, da der Sohn offenbar gekränkt ist, dass sein Vater sich so über seinen Berufswunsch äußert, ohne sich jedoch wirklich mit dessen Anforderungen auseinandergesetzt zu haben und sich eben weder für die Wünsche, noch die Motivation oder die Bedürfnisse des Sohnes interessiert. Zudem versteckt sich dahinter ein Sachverhaltskonflikt, da der Vater sich mit den Anforderungen des Berufes nicht befasst hat.

(9) Hinter diesem Satz verbirgt sich ein Konflikt wegen divergierender Wertorientierungen. Einer der zentralen Werte des Sohnes ist die Freiheit, die entsprechend zum Wert der Sicherheit des Vaters im Kontrast steht.

(10) Hinter dieser Aussage versteckt sich sowohl ein Beziehungskonflikt als auch ein Konflikt wegen divergierender Wertorientierungen. Der Sohn hat das Bedürfnis nach Autonomie und Selbstbestimmung, welches er höher

ansetzt, als die finanzielle Unterstützung seitens des Vaters. Auf der Beziehungsebene bedeutet es, dass er seinem Vater seine Werte verdeutlichen möchte und ihm auch seine eigene alternative Lösung vorstellen möchte, falls der Vater auf seinem Standpunkt beharrt.

(11) Bei der ersten Aussage der Mutter deutet alles auf einen intrapersonellen Konflikt hin, da sie zeigt, dass sie ein ausgeprägtes Harmoniebedürfnis hat, welches dazu führt, dass sie noch nicht genug Resilienz entwickelt hat, um interpersonelle Konflikte im Rahmen der Familie auszuhalten.

(12) Hinter der Aussage steckt zum einen ein Konflikt wegen divergierender Wertorientierungen und zum anderen ein Beziehungskonflikt. Die Mutter sieht den Gehorsam der Kinder auf ihre Eltern als einen Wert an, der im Gegensatz zum Wert der Selbstbestimmung steht. Der Beziehungskonflikt äußert sich darin, dass die Mutter in ihrem volljährigen Sohn noch immer ein Kind sieht und ihn so nicht auf der Ebene des Erwachsenen- Ichs wahrnimmt und eben seine damit in Verbindung stehende Autonomie nicht anerkennt.

e.

Um zu beurteilen, ob hier „ganz klar ein Generationenkonflikt" vorliegt, gilt es zunächst den Begriff des Generationenkonflikts genauer zu betrachten.

Als erstes wird der Begriff der Generation unter sozialpsychologischen Aspekten betrachtet. Dieser beschreibt keine Einteilung nach Altersgruppen, sondern wird gebraucht, wenn im Zusammenhang von Parental- und Filial- Generation gesprochen wird.[20] In empirischen Untersuchungen über die Wertevorstellungen der verschiedenen Altersgruppen, wurde festgestellt, dass die Prioritäten der einzelnen Werte sich mit dem Alter verschieben. Mit zunehmendem Alter werden Werte, wie beispielsweise Gesundheit, Sicherheit, Wohlstand zu immer bedeutungsvolleren Werten. Gleichzeitig konnte festgestellt werden, dass Werten, wie beispielsweise Freundschaft, Liebe und Abwechslung mit dem Anstieg des Alters immer weniger Bedeutung zugesprochen wurde.[21] Daraus lässt sich ein grundlegender Wertekonsens der verschiedenen Generationen erkennen. Die einzelnen Werte variieren in ihrer Wichtigkeit

---

[20] vgl. Stiksrud, Arne: Jugend im Generationenkontext, Sozial- und Entwicklungspsychologische Perspektiven, 1994, S.163
[21] vgl. Stiksrud: Jugend im Generationenkontext, Sozial- und Entwicklungspsychologische Perspektiven, 1994, S.165

im Zusammenhang mit dem Lebensalter. Diese Untersuchung zeigt, dass sich die individuellen Wertevorstellungen der Altersgruppen im Leben in beide Richtungen entwickeln. *Stiksrud* spricht in diesem Fall nicht von einem Konflikt, sondern von einem Dissens.[22]

Aufgrund der unterschiedlichen Priorisierungen der Werte in der jeweiligen Lebensphase kommt es im aktuellen Fall zu einem Konflikt. Die divergierenden Wertevorstellungen und Priorisierungen der Eltern und des Sohnes belasten die Beziehung. Während für den Vater Werte wie Sicherheit, Wohlstand, akademische Bildung und gesellschaftliche Anerkennung von großer Bedeutung sind, stehen die aktuellen Werte des Sohnes diesen gegenüber. Der Vater hat in seiner Rolle als Vater abweichende normative Erwartungen an seinen Sohn und andersherum. Dieses deutet darauf hin, dass bei Verwendung des Begriffs des „Generationenkonflikts" in diesem Fall von einem Beziehungskonflikt auszugehen ist, der aufgrund der unterschiedlichen Priorisierungen der eigenen Werte und die daran gekoppelten normativen Erwartungen entstanden ist. Wird der vorliegende Fall unter der Definition von *Stiksrud* betrachtet, so kann er als ein „differenzieller Generationendissens"[23] eingeordnet werden.

Schwarz beschreibt den Generationenkonflikt als einen Konflikt, „in dem es um eine Rollenaufweichung zwischen Eltern und Kindern geht und dessen Ziel eine gleichberechtigte Position der Generationen ist."[24] Er führt dieses als eine klare Abgrenzung zum Rollenkonflikt an.

Nach Auffassung der Verfasserin geht daraus hervor, dass der Begriff des Generationenkonflikts darauf abzielt, dass es sich im konkreten Fall, um einen Konflikt zwischen Eltern und Kinder(n) handelt. Unter Betrachtung der in Aufgabe 1a aufgeführten Konfliktarten ist eine solche Einstufung bedingt als hilfreich anzusehen, da der Begriff zunächst nur eine oberflächliche Darstellung des Konflikts und seine Beteiligter abbildet. Für die Ergründung der Tiefenstruktur des Konflikts sind die individuellen Wertevorstellungen, Interessen, Bewertungen von Sachverhalten, Motive und Bedürfnisse herauszuarbeiten. Aus dieser Einstufung könnte jedoch

---

[22] vgl. Stiksrud: Jugend im Generationenkontext, Sozial- und Entwicklungspsychologische Perspektiven, 1994, S.164f
[23] vgl. Stiksrud: Jugend im Generationenkontext, Sozial- und Entwicklungspsychologische Perspektiven, 1994, S.159
[24] vgl. Schwarz, Gerhard: Konfliktmanagement, Konflikte erkennen, analysieren, lösen, 2014, S.141

auch hervorgehen, dass ein Beziehungskonflikt vorliegt, der sich aufgrund abweichender Werteorientierungen entwickelt hat.

Wird die Definition von *Schwarz* betrachtet, kann die Einstufung als bedingt hilfreich einsortiert werden. Hieraus geht hervor, dass es bei einem Generationenkonflikt um die Anerkennung der Positionen zwischen der Parental- und Filial- Generation geht. Konkret bedeutet das, dass die Eltern die Werte ihres Kindes wahrnehmen und anerkennen, lernen sollen und andersherum.

Schlussfolgernd lässt sich aus beiden Betrachtungen ableiten, dass die Einstufung als Generationenkonflikt herangezogen werden kann. Als hilfreich ist sie nur bedingt zu betrachten, da es in jeder Mediation um die individuellen Werte, Bedürfnisse, Interessen und Motive geht, die im Rahmen der Mediation herausgearbeitet werden. Eine vorherige Festlegung bietet aus Sicht der Verfasserin keinen Mehrwert, da der Mediator in seiner Rolle im Verfahren feinfühlig und situativ intervenieren muss. Eine klare Abgrenzung zwischen Konflikten wegen divergierender Wertevorstellungen und Beziehungskonflikten ist häufig im Konfliktverlauf nicht mehr möglich, da aus den unbewusst gelebten Werteorientierungen, Verletzungen der normativen Erwartungen einhergehen, die sich dann auf der Beziehungsebene widerspiegeln. Die Beteiligten sind von den jeweiligen gelebten Werten des Gegenübers gekränkt.[25] So resultieren Beziehungskonflikte aus unterschiedlichen Vorstellungen, die die Beteiligten von ihrer Rolle in der Beziehung haben.[26] Dieser Zusammenhang besteht in allen Dauerbeziehungen, insbesondere im privaten Bereich, weshalb es stets zu fokussieren ist, die Wertevorstellungen herauszuarbeiten, unabhängig von der Einstufung des Konflikts.

Aufgabe 2 a.

Zu Beginn werden zwei verschiedene Definitionen von Konflikten im Allgemeinen betrachtet. Diese dienen als Grundlage für die folgenden Teilaufgaben.

---

[25] vgl. Montada/ Kals: Mediation, Psychologische Grundlagen und Perspektiven, 2013, S.110
[26] vgl. Montada/ Kals: Mediation, Psychologische Grundlagen und Perspektiven, 2013, S.113

Es wird angeführt, dass ein Konflikt zwischen verschiedenen Beteiligten aus deren subjektiven Überzeugungen, Sichtweisen und Wahrnehmungen resultiert. Jeder Mensch entwickelt seine eigenen normativen Erwartungen auf verschiedenen Ebenen. Werden diese verletzt, bietet diese Verletzung den Nährboden für einen Konflikt. Um einen Konflikt lösen zu können und nachhaltig miteinander umgehen zu können, ist es elementar, dass die Beteiligten ihre eigenen normativen Erwartungen und die ihres Gegenübers kennen.[27]

Interpersonelle Konflikte findet auf drei Ebenen statt. Auf der rationalen Ebene wird der reine Sachverhalt erfasst. Die emotionale Ebene beinhaltet die individuellen Bedürfnisse, Gefühle, Erwartungen, aber auch die daraus resultierenden Positionen. Auf der sozialen Ebene betrachten wir die Position der einzelnen Person in der Gesellschaft. Die drei Ebenen vermischen sich, weshalb es wichtig ist, den Konflikt differenziert zu analysieren, um eine Lösung auf allen Ebenen zu erarbeiten.[28]

In den folgenden Ausführungen werden die negativen und positiven Wirkungen von Konflikten betrachtet. Konflikte haben für die Beteiligten Auswirkungen auf die seelische, psychische und auch körperliche Gesundheit und damit einhergehend auf ihr allgemeines Wohlbefinden. Sie können die Beteiligten langfristig krank machen, Beziehungen schädigen oder zerstören und außer Kontrolle geraten.[29] Menschen, die sich dauerhaft im Kampfmodus befinden, haben entsprechende Ausschüttungen von Stresshormonen. Dieses macht dauerhaft psychisch und physisch krank.

Konflikte im Arbeitsumfeld haben einen erheblichen Einfluss auf die Teamprozesse. Grundlage für Teamprozesse und Teamkommunikation ist gegenseitiges Vertrauen. Konflikte führen dazu, dass das gegenseitige Vertrauen verschwindet. Die Teammitglieder sollten im Rahmen ihrer Kommunikation gewillt sein, andere Teammitglieder zu verstehen, um eine produktive Arbeitsatmosphäre zu schaffen. Spannungen und Konflikte im Team verhindern eine produktive Arbeitsatmosphäre, da die Beteiligten nicht mehr in der Lage sind, sachlich und auch kritisch zu kommunizieren und sich sachlich auf die Beiträge der anderen Teammitglieder

---

[27] vgl. Montada, Leo: Psychologie in der Mediation, Teil 1, 2020, S.13 ff
[28] vgl. Auferkorte- Michaelis, Nicole/ Michaelis, Lars: Kommunikation- Grundlage mediativer Verfahren, Teil 2, S. 14f
[29] vgl. Montada/ Kals: Mediation, Psychologische Grundlagen und Perspektiven, 2013, S.324

einzulassen. Die Emotionen haben in diesem Fall die Kontrolle über die Situation übernommen. Diese psychosozialen Prozesse entstehen aus dem individuell erlebten psychischen Stress der Beteiligten.[30]

Psychischer Stress hat massive Auswirkungen auf die Wahrnehmung, auf das Denken und Handeln und auf die Emotionen. Der Mensch schaltet unbewusst in den Kampfmodus und legt damit einhergehend Verhaltensweisen an den Tag, die diesen Modus begünstigen.[31] Es entsteht eine eigene Dynamik, die vergleichbar mit einer Negativspirale ist. Um diesen Prozess der Eskalation ganzheitlich zu verstehen und damit einhergehend nachhaltige Interventionen anwenden zu können, werden die „dynamisierenden, psychosozialen Mechanismen"[32] erläutert. Menschen, die unter psychischem Stress stehen, projizieren ihre negativen Eigenarten auf ihren Gegenüber. Sie sind nicht mehr in der Lage, dieses zu erkennen und versuchen gegen die eigenen Eigenarten bei der anderen Person anzukämpfen. Dieser Projektionsmechanismus hat zur Folge, dass der Gegenüber zum Sündenbock gemacht wird.[33] Die Eigen- und Fremdwahrnehmung ist so weit verschoben, dass eine Reflexion über das eigene Verhalten nicht mehr möglich ist. Dadurch entsteht Potential für eine weitere Eskalation des Konflikts.

Mit dem fortschreitenden Konflikt entsteht bei den Beteiligten ein eingeschränkter Fokus auf den Konflikt. Die Beteiligten fokussieren sich darauf, neue Streitpunkte, die den eigenen Standpunkt bekräftigen, einzubringen und diese möglicherweise auszuweiten.[34] Durch ihren Tunnelblick sind die Beteiligten nun nicht mehr fähig, den Standpunkt bzw. die Interessen des Gegenübers zu akzeptieren.

Ein weiterer Konfliktmechanismus ist der, der Personifizierung. Die Konfliktparteien neigen dazu, um die eigene Position zu stärken, weitere Personen mit in den Konflikt hineinzuziehen.[35] Insbesondere für Konflikte im beruflichen Kontext kann dieser Mechanismus weitreichende

---

[30] vgl. Ballreich, in: Trenczek/ Berning/ Lenz (Hrsg.): Mediation und Konfliktmanagement, 2. Auflage, Baden- Baden 2017, S.204f
[31] vgl. Glasl, in: Trenczek/ Berning/ Lenz (Hrsg.): Mediation und Konfliktmanagement, 2. Auflage, Baden- Baden 2017, S.83
[32] Glasl, in: Trenczek/ Berning/ Lenz (Hrsg.): Mediation und Konfliktmanagement, 2. Auflage, Baden- Baden 2017, S.83
[33] vgl. Glasl, in: Trenczek/ Berning/ Lenz (Hrsg.): Mediation und Konfliktmanagement, 2. Auflage, Baden- Baden 2017, S.83
[34] vgl. Glasl, in: Trenczek/ Berning/ Lenz (Hrsg.): Mediation und Konfliktmanagement, 2. Auflage, Baden- Baden 2017, S.83
[35] vgl. Glasl, in: Trenczek/ Berning/ Lenz (Hrsg.): Mediation und Konfliktmanagement, 2. Auflage, Baden- Baden 2017, S.83f

Auswirkungen haben und zu Eigendynamiken und Mobbing in Teams führen.

Menschen, die bereits im Kampfmodus sind, haben sich entsprechend vorbereitet. Aufgrund des gegenseitigen Misstrauens befinden sich die Beteiligten in einer negativen Erwartungshaltung. Sie sind entsprechend auch schneller bereit, die vorbereiteten Mittel einzusetzen. Die pessimistische Antizipation ist auch bekannt als Rüstungswettrennen.[36] Für den Konflikt bedeutet das, eine zügigere Eskalation, immer weiter verhärtete Fronten und entsprechend schnelleres Aufrüsten, anstatt sich mit den Ursachen auseinanderzusetzen.

Aus diesen Dynamiken entstehen Teufelskreise, sofern sie nicht durchbrochen werden. Eine Handlung der einen Seite löst auf der Gegenseite eine Reaktion aus und die Negativspirale beginnt sich fortzusetzen. Im Verlauf des Konflikts entsteht dadurch unbewusst ein Spiegelverhalten. Die Beteiligten verlieren die Selbstkontrolle und kommen in ein „Wie du mir- so ich dir"- Verhalten.[37] Dieses Verhalten führt entsprechend dazu, dass die Beteiligten sich selbst, ihre eigenen Werte und Normen und auch den Zugang zu ihren Emotionen verlieren. Sie funktionieren nur noch mit Angriff und Verteidigung.

Im Laufe des Konfliktes kann eine Dynamik entstehen, die dazu führt, dass die Parteien ferngesteuert handeln und die Beteiligten sich über die Auswirkungen bei ihrem Gegenüber nicht bewusst sind. Die Beteiligten verlieren die Kontrolle über ihr Handeln und senden somit bewusste und unbewusste Wirkungen an ihren Gegenüber. Dieser nimmt die bewussten und unbewussten Handlungen als undifferenziertes Ganzes wahr und sieht die andere Seite entsprechend in der Verantwortung für ihr Handeln. Die handelnde Partei ist sich dabei über diese Gesamtheit nicht bewusst. Eine Ablehnung gegenüber der anderen Seite entsteht, weil die handelnde Partei sich nicht verantwortlich fühlt.[38] In dieser Dynamik kann schnell ein weiterer Teufelskreis entstehen, da hier die aufgrund einer verschobenen Wahrnehmung kein differenziertes Bewusstsein mehr für die eigenen Handlungen und Signale übernommen werden kann.

---

[36] vgl. Glasl, in: Trenczek/ Berning/ Lenz (Hrsg.): Mediation und Konfliktmanagement, 2. Auflage, Baden- Baden 2017, S.84
[37] vgl. Glasl, in: Trenczek/ Berning/ Lenz (Hrsg.): Mediation und Konfliktmanagement, 2. Auflage, Baden- Baden 2017, S.84
[38] vgl. Glasl, in: Trenczek/ Berning/ Lenz (Hrsg.): Mediation und Konfliktmanagement, 2. Auflage, Baden- Baden 2017, S.84f

Im menschlichen Unterbewusstsein sind zerstörerische Kräfte verankert, die durch Konflikte aktiviert werden. Diese zerstörerischen, negativen Kräfte herrschen dann über den Menschen.[39]

Die Ausführungen zeigen deutlich, dass die negativen Wirkungen von Konflikten sich auf alle Lebensbereiche auswirken. Menschen, die unter dauerhaft psychischem Stress stehen, sind nicht mehr in der Lage, sich aus der Negativspirale zu lösen.

Konflikte können Chancen auf verschiedenen Ebenen bieten. Zunächst ist festzustellen, dass es die Bearbeitung des Konflikts und der Lösungsprozess ist, in dem sich die positiven Wirkungen von Konflikten anbahnen. Ein konstruktiver Lösungsprozess eröffnet den konfligierenden Parteien neue Erfahrungsmöglichkeiten im Umgang mit einem Konflikt. Die Parteien selbst erleben hier eine für sie neue Form von Konfliktbearbeitung, welche ihre Kompetenzen im Hinblick auf den Umgang und die Lösung von Konflikten verbessern kann.[40] Im optimalen Fall entwickeln die Beteiligten Kompetenzen, die sie nachhaltig bei der Gestaltung sozialer Beziehungen beeinflussen.[41] Eine der größten Chancen, die einen konstruktiven Lösungsweg eröffnet, ist die Erkenntnis, dass jeder Mensch seine eigene subjektive Wahrheit erschafft. Mit diesem veränderten Menschenbild werden die Beteiligten zukünftig weniger Konflikte haben und mögliche Konflikte sinnvoller lösen können.[42] Mit der geschaffenen Anerkennung dafür, dass jeder seine eigene Perspektive hat, können sie auch anderen Menschen in ihrem Umfeld helfen, indem sie ihre Weltanschauung als Vorbild vorleben. Die möglichen intrapersonellen Entwicklungsgewinne werden in der folgenden Aufgabe genauer dargestellt. Die Veränderungen im Denken jedes einzelnen Individuums können in dem Zusammenhang eine positive Auswirkung auf die gesellschaftliche Ebene haben. Auch entgegengesetzt ist es denkbar, dass ein Konflikt, der auf gesellschaftlicher Ebene entstanden ist, dazu führt, dass die konfligierenden Gruppen im Lösungsprozess den Standpunkt der Gegenseite verstehen und akzeptieren lernen. Durch die entwickelte, gegenseitige Akzeptanz und

---

[39] vgl. Glasl, in: Trenczek/ Berning/ Lenz (Hrsg.): Mediation und Konfliktmanagement, 2. Auflage, Baden- Baden 2017, S.89
[40] vgl. Montada/ Kals: Mediation, Psychologische Grundlagen und Perspektiven, 2013, S.323ff
[41] vgl. Montada, in: Trenczek/ Berning/ Lenz (Hrsg.): Mediation und Konfliktmanagement, 2. Auflage, Baden- Baden 2017, S.147f
[42] vgl. Montada/ Kals: Mediation, Ein Lehrbuch auf psychologsicher Grundlage, 2007, S.328ff

Anerkennung ve-ändert sich die Beziehung der Gruppen.[43] Werden die negativen Wirkungen von Konflikten an dieser Stelle nochmal betrachtet, so kann aus diesen Ausführungen abgeleitet werden, dass die konstruktive Lösung von Konflikten ebenfalls auf die einzelne Gruppe positive Auswirkungen haben kann. Die Gruppe als mikro- soziale Einheit hat die Möglichkeit mit diesen Erkenntnissen gestärkt und einheitlicher hervorzugehen. So bieten Konflikte die Möglichkeit, Gruppen zu festigen.[44] Zudem führt die Akzeptanz dazu, dass die Negativspirale und die damit häufig einhergehende Eigendynamik durchbrochen wird und die Gruppe wieder produktiver und kreativer fungieren kann. Sie eröffnen die Möglichkeit der Gestaltung neuer und anderer Wege.[45] Im beruflichen Kontext können Konflikte Indikatoren für Probleme sein[46], die durch die Erkennung gelöst und transformiert werden können. Konflikte können ebenso dazu führen, dass aus konträren Ideen, etwas Innovatives entsteht.[47] Dadurch, dass Konflikte eine Dynamik haben, führen sie dazu, dass die Beteiligten stetig in Bewegung sind und sich mit dem Konflikt und den Ursachen beschäftigen sollten. Sie lassen so mögliche Interessen hervorkommen und verhindern Stagnation.[48]

Abschließend ist festzustellen, dass Konflikte, die konstruktiv und nachhaltig gelöst werden, Potenzial haben, das Menschenbild einer ganzen Gesellschaft zu verändern und damit nachhaltig eine Weltanschauung schaffen können, die von Akzeptanz, Toleranz und Frieden geprägt ist.

b.

Der Nachhaltigkeitsgedanke einer Mediation bezieht sich auf die individuellen Erfahrungen und Entwicklungsgewinne der Beteiligten, die sie zukünftig dazu befähigen, soziale Beziehungen anders zu gestalten und ihre Lebensqualität zu verbessern. Einen Entwicklungsgewinn stellt der „Gewinn an Selbsterkenntnis"[49] dar. Die Beteiligten bekommen einen

---

[43] vgl. Gläßler, Ulla: Die Selbstverantwortung der Konfliktparteien, 2021, S. 28
[44] vgl. Berning, in: Trenczek/ Berning/ Lenz (Hrsg.): Mediation und Konfliktmanagement, 2. Auflage, Baden- Baden 2017, S.171
[45] vgl. Berning, in: Trenczek/ Berning/ Lenz (Hrsg.): Mediation und Konfliktmanagement, 2. Auflage, Baden- Baden 2017, S.17
[46] vgl. Berning, in: Trenczek/ Berning/ Lenz (Hrsg.): Mediation und Konfliktmanagement, 2. Auflage, Baden- Baden 2017, S.17
[47] vgl. Berning, in: Trenczek/ Berning/ Lenz (Hrsg.): Mediation und Konfliktmanagement, 2. Auflage, Baden- Baden 2017, S.171
[48] vgl. Berning, in: Trenczek/ Berning/ Lenz (Hrsg.): Mediation und Konfliktmanagement, 2. Auflage, Baden- Baden 2013, S.171
[49] Montada/ Kals: Mediation, Ein Lehrbuch auf psychologsicher Grundlage, 2013, S.326

Zugang zu ihren eigenen Anliegen und normativen Überzeugungen. Häufig sind diese den Parteien selbst nicht bewusst, weshalb sie auf ihre Positionen beharren. Die Beteiligten erleben die Klärung ihrer erlebten Ungerechtigkeit, indem ihre individuellen relevanten Überzeugungen herausgearbeitet und verbalisiert werden.[50] Sie erkennen, dass hinter den Positionen ihre Anliegen verborgen sind und erkennen dieses auch bei der Gegenseite an. Die Entwicklung des Bewusstseins über die eigenen Anliegen, stellt einen wichtigen Schritt im Prozess dar.[51] Erst wenn der Mensch sich seiner eigenen Überzeugungen bewusst ist, ist er in der Lage diese auch zu benennen und darüber in den Dialog zu gehen. Darüber hinaus kann diese Erkenntnis dazu führen, dass der einzelne seine Überzeugungen reflektiert, weiterentwickelt und verändert. In diesem Kontext kommt den Emotionen der Beteiligten eine wichtige Rolle zu. Diese geben Aufschluss über die Gedanken und Werte des Individuums. Emotionen transportieren die subjektiven Werte, Überzeugungen und Einstellungen indirekt. Mit diesem neuen Bewusstsein für die eigenen Emotionen und die des Gegenübers, erleben die Beteiligten einen Zugang zu diesen und können Fähigkeiten aufbauen, auf ihre Emotionen Einfluss zu nehmen.[52] Das Verständnis für die eigenen Anliegen hinter den Standpunkten und den damit im Zusammenhang stehenden Emotionen schafft die Grundlage dafür, dieses auch bei der Gegenseite erfahren und verstehen zu wollen. Diese Erkenntnis stellt die Basis für einen Perspektivwechsel dar. Die Beteiligten entwickeln die Bereitschaft, der anderen Seite zuzuhören und ebenso zu den eigenen Interpretationen zu stehen. Durch die Fähigkeit sich in andere Menschen hinein versetzen zu können, entwickeln die Beteiligten eine elementare Kompetenz für gelingende Kommunikation.[53] Die Mediation eröffnet den Medianden einen Zugang zu bewussteren, kooperativen Kommunikationsformen. Die Medianden lernen ihre Gefühle wahrzunehmen, zu benennen und über diese zu kommunizieren.[54] Dabei kann die Mediation als eine Art Vorbild oder Orientierung erlebt werden, wie Konflikte gelöst werden können.[55]

---

[50] vgl. Montada/ Kals: Mediation, Psychologische Grundlagen und Perspektiven, 2013, S.326
[51] vgl. Montada/ Kals: Mediation, Ein Lehrbuch auf psychologsicher Grundlage, 2013, S.326
[52] vgl. Montada: Psychologie der Mediation (Teil 2), S.36
[53] vgl. Montada/ Kals: Mediation, Ein Lehrbuch auf psychologsicher Grundlage, 2013, S.327
[54] vgl. Montada/ Kals: Mediation, Psychologische Grundlagen und Perspektiven, 2013, S.326
[55] vgl. Montada/ Kals: Mediation, Psychologische Grundlagen und Perspektiven, 2013, S.326f

Dieses bietet eine Chance, dass die Medianden ihr „Wissen über konfliktträchtige und friedensstiftende Kommunikationsformen"[56] erweitern und mit diesem Erkenntnisgewinn zukünftig bewusster und differenzierter kommunizieren und damit eine Prävention zur Konfliktentstehung geschaffen wurde. Hinzu werden die Medianden in der Lage sein, bei Differenzen ihre Kommunikation zu reflektieren und sie so zu verändern, dass sie im besten Fall den Konflikt deeskalieren, bevor er entstehen kann. Mit diesen erweiterten kommunikativen Fähigkeiten zur Konfliktbeilegung und Prävention kann das Vertrauen in die eigenen Fähigkeiten diesbezüglich gesteigert werden. Die Medianden erwerben Kompetenzen zur Verständigung und damit einhergehend, erlernen sie Methoden wie z.B. das aktive Zuhören, mit denen sie kommunikativen Missverständnissen vorbeugen.[57] Langfristig kann es dazu führen, dass die Personen ihr Wohlbefinden und ihre Selbstwirksamkeit optimieren können, da sie künftig weniger Konflikte haben werden bzw. einen anderen Umgang in konfliktträchtigen oder eskalierenden Situationen leben. Jede eigenverantwortlich bewerkstelligte Konfliktsituation fördert das Selbstvertrauen der Parteien in ihre Konfliktlösekompetenzen, so auch eine Mediation als Antreiber des Prozesses, Konflikte kooperativ zu lösen. Im Rahmen der Mediation können die Medianden Wissen in verschiedenen Bereichen aufbauen, welches ihnen hilft, andere Lebenssituationen anders zu bewerten. In der Regel bewerten Konfligierende einen Sachverhalt mit den Informationen, die sie zu jenem Zeitpunkt mental verfügbar haben. In der Mediation wird beispielsweise nach weiteren relevanten Informationen gesucht, um den Sachverhalt neu zu bewerten.[58] Dabei erleben die Medianden Transparenz bezüglich der neu gewonnenen Informationen. Dieses Vorgehen bietet einen Erkenntnisgewinn darüber, dass auch die Bewertung einer Sache subjektiv ist und es zukünftig diesbezüglich sinnvoll ist, dass alle Beteiligten auf demselben Stand an Informationen sind. Als einen der zentralsten Entwicklungsgewinne wird der „Gewinn an Weisheit"[59] angeführt. Menschen, die die Erkenntnis darüber erlangt haben, dass nicht nur die richtige Wahrheit existiert, werden zukünftig in der Lage

---

[56] vgl. Montada, in: Trenczek/ Berning/ Lenz (Hrsg.): Mediation und Konfliktmanagement, 1. Auflage, Baden- Baden 2013, S. 143

[57] vgl. Montada/ Kals: Mediation, Psychologische Grundlagen und Perspektiven, 2013, S.327

[58] vgl. Montada/ Kals: Mediation, Psychologische Grundlagen und Perspektiven, 2013, S.285f

[59] vgl. Montada/ Kals: Mediation, Psychologische Grundlagen und Perspektiven, 2013, S.328f

sein, die subjektiven Wahrheiten der anderen mindestens zu akzeptieren. Sie lösen sich mit dieser Erkenntnis vom Gedanken des Gegeneinanders und suchen nach einem Miteinander, bei dem die subjektiven Wahrheiten aller Beteiligten ihren Einfluss haben. Mit dieser inneren Haltung sind Menschen dazu fähig anderen implizit durch ihren kooperativen Umgang mit der konfliktträchtigen Situation zu helfen, da sie Kooperation vorleben und ihrem Gegenüber diesbezüglich positive Erfahrungen ermöglichen. Durch die aktive Partizipation an einer Mediation und einer Reflektion, machen die Beteiligten die Handlungserfahrung der kooperativen Konfliktlösung, welche sie somit verankern und zukünftig drauf zurückgreifen können.[60]

c.

In den folgenden Ausführungen soll betrachtet werden, welches Mediationsprojekt in dem vorliegenden Fall verfolgt werden soll. Zunächst wird erwähnt, dass der Mediator beim ersten Treffen Aspekte wie „Nachhaltigkeit" und „Entwicklungsgewinne" erwähnt. Der Nachhaltigkeitsgedanke findet sich im *Individual- Autonomy- Projekt* wieder. Dieser inkludiert die Entwicklungsgewinne. Das Individual- Autonomy- Projekt verfolgt das Ziel der eigenverantwortlichen Konfliktbearbeitung durch die Beteiligten.[61] Einen Entwicklungsgewinn, den dieses Projekt bietet, ist die Entwicklung von Konfliktlösungskompetenz, da der Prozess der selbstbestimmten Lösungsfindung hier im Fokus steht. Unabhängig vom Ausgang der Mediation ist der Kompetenzerwerb hier kennzeichnend. Durch die Entwicklung von Konfliktlösungskompetenzen werden die Medianden künftig besser und selbstständiger in der Lage sein, soziale Beziehungen zu gestalten und auftretende Konflikte zu lösen. Die persönliche Entwicklung der Beteiligten steht hier im Fokus.[62] Im nächsten Schritt erwähnt der Mediator, dass er es begrüßen würde, wenn die Familie möglichst zügig eine Lösung finden würde. Diese Aussage deutet auf das *Service- Delivery- Projekt* hin. Bei diesem Projekt steht eine möglichst zügige Einigung im Fokus. Dabei sollen die Hürden aus dem Weg geschafft werden, die eine Einigung verhindern. Emotionen werden beim *Service- Delivery- Projekt* ausgeklammert.[63]

---

[60] vgl. Montada: Psychologie der Mediation, Teil 2, S.41
[61] vgl. Gläßler, Ulla: Die Selbstverantwortung der Konfliktparteien, 2021, S. 23
[62] vgl. Gläßler, Ulla: Die Selbstverantwortung der Konfliktparteien, 2021, S. 23ff
[63] vgl. Gläßler, Ulla: Die Selbstverantwortung der Konfliktparteien, 2021, S. 19f

Im Rahmen von familiären Konflikten stellt das *Service- Delivery- Projekt* kein geeignetes Projekt dar. Dieses Projekt klammert individuelle Wertevorstellungen und die damit verbundenen Emotionen aus. Eine zügige Einigung würde das Kernproblem des Konflikts nicht lösen, weil die Wertevorstellungen der Familienmitglieder im Konfliktlösungsprozess ausgeklammert würden. Hingegen stellt das *Individual- Autonomy- Projekt* ein geeignetes Projekt dar, um familiäre Konflikte zu bearbeiten. Bei einer Eltern- Kind- Beziehung handelt es sich um eine Dauerbeziehung. Zwischen Eltern und Kindern kommt es häufig zu Konflikten aufgrund verschiedener Wertevorstellungen und Lebensplanungen. Betrachtet man das *Individual- Autonomy- Projekt*, so wird deutlich, dass es um das persönliche Wachstum auf beiden Seiten geht. Sowohl Eltern als auch Kind würden die Chance bekommen, sich persönlich weiterzuentwickeln, ihre Konfliktlösungskompetenzen zu erweitern und wären mit diesem Zugewinn auch zukünftig dazu befähigt, ihre Beziehung zu verbessern. Hinzu kommt, dass die Familie durch die Selbstbestimmung im Prozess maximalen Einfluss auf das Ergebnis hat. Durch das aktive und gemeinsame Erfahren und Erleben des Lernprozesses bietet dieses Mediationsprojekt selbst einen Raum, in dem ein Grundstein für ein anderes Miteinander gelegt wird. In diesem Ansatz kommt den Gefühlen und Wertevorstellungen der Beteiligten eine elementare Rolle zu. Dieses führt zu Verständnis für die Position des anderen Familienmitglieds und eröffnet die Möglichkeit, dass die Familie zukünftig fähig ist, über diese Themen miteinander respektvoll zu kommunizieren. Mit dem *Individual- Autonomy- Projekt* würde somit die Eltern- Kind- Beziehung nachhaltig verbessert und die Familienmitglieder könnten auch in anderen Lebensbereichen von ihrer erworbenen Konfliktkompetenz profitieren.

Als weiteres geeignetes Mediationsprojekt für familiäre Konflikte, kann das *Reconciliation- Projekt* angeführt werden. Der Schwerpunkt dieses Projektes liegt auf einer Veränderung der Beziehung in Richtung Versöhnung.[64] Als erster Schritt in Richtung einer Versöhnung zielt dieses Projekt darauf ab, dass die Beteiligten zunächst den Standpunkt der anderen Seite anerkennen. Dieses bietet Potenzial für eine echte Versöhnung.[65] In einem Familienkonflikt, wie dem vorliegenden, wäre eine Anerkennung und Akzeptanz der Wertevorstellungen der anderen Seite

---

[64] vgl. Gläßler, Ulla: Die Selbstverantwortung der Konfliktparteien, 2021, S. 27
[65] vgl. Gläßler, Ulla: Die Selbstverantwortung der Konfliktparteien, 2021, S. 28

bereits ein erster wichtiger Schritt. Durch die Akzeptanz würde eine Kommunikation wieder möglich. Anerkennung bedeutet nicht gleich Verständnis oder gar, dass die Wertevorstellungen unterstützt würden. In diesem Fall würde es einen ersten Zugang bieten, da Akzeptanz und Anerkennung die Grundlage für ein echtes Verständnis schaffen. Abhängig von der Situation in einer Familie kann die Anerkennung der Position der anderen Seite ein großer Erfolg im Rahmen der Mediation sein.

Insbesondere bei Familienkonflikten, die über einen sehr langen Zeitraum andauernd und die Fronten verhärtet sind, empfiehlt sich das *Reconciliation- Projekt*.

d.

An dieser Stelle werden die persönlichen Präferenzen der Mediationsprojekte dargestellt und begründet. Aus der Sicht der Verfasserin, soll das *Individual- Autonomy- Projekt* präferiert werden. Das Projekt hat einen Schwerpunkt auf der Prozessorientierung. Im Fokus steht der selbstbestimmte Weg, den die Beteiligten in der Mediation gehen. Dabei ist weniger das Ergebnis für den Erfolg einer Mediation ausschlaggebend, viel elementarer ist das Erleben des Prozesses, weil dieser den Beteiligten die positive Handlungserfahrung ermöglicht. Durch diese Erfahrung erleben die Beteiligten einen anderen Lösungsweg, der ihnen als Modell dient, ihre Konflikte zukünftig ähnlich lösen zu können. Diesem Projekt wohnt der Nachhaltigkeitsgedanke in hohem Maße inne. Der Nachhaltigkeitsgedanke gibt diesem Projekt eine hohe Sinnstiftung. Mit dem Nachhaltigkeitsgedanken geht einher, dass Medianden mit ihrer positiven Erfahrung als Multiplikatoren für die Mediation dienen. Zudem haben die Entwicklungsgewinne der Medianden positive Auswirkungen auf ihre anderen Lebensbereiche, so dass diese auch mit ihrer veränderten Perspektive und ihrer erworbenen Kommunikationskompetenz inspirierend und beeinflussend auf ihre Mitmenschen wirken werden. Es entsteht eine Kettenreaktion. Im zukünftig präferierten Bereich der Wirtschaftsmediation eröffnet es viele Chancen, das Arbeitsleben produktiver zu gestalten, indem die einzelnen Beteiligten ihre Konfliktlösekompetenzen steigern, das Verständnis füreinander wächst und Stagnation verhindert wird. Unabhängig von dem Standpunkt einer Person in der Firmenhierarchie, ist der Zuwachs an Konfliktlösekompetenz bereichernd und gewinnbringend. In Vorgesetzten- Mitarbeiter- Gesprächen entsteht die Möglichkeit, eine Kommunikation auf Augenhöhe über die Wünsche, Interessen und

Bedürfnisse von beiden zu führen, anstatt Druck aufzubauen und den Mitarbeiter so implizit zu demotivieren. Eine interessenorientierte Kommunikation würde in diesem Verhältnis die Beziehung verbessern und die Motivation und damit auch die Kreativität und Produktivität des Mitarbeiters steigern. Hinzu kommt, dass durch eine derartige Kommunikation seitens der Vorgesetzen ein anderes, besseres, offeneres und wertschätzendes Betriebsklima entstehen kann. Eine Führungskraft, die auf die Bedürfnisse und Interessen der Mitarbeiter eingeht, sich diesen annimmt, diese berücksichtigt, lebt seine Rolle als positives Vorbild. Die Wahrscheinlichkeit ist groß, dass die Mitarbeiter sich von dem Verhalten leiten lassen und einen ähnlichen Umgang miteinander leben. Betrachtet wird an dieser Stelle ein Gremium in der Luftfahrt, welches sich aus gewählten Vertretern von verschiedenen Airlines zusammensetzt. Aufgabe dieses Gremiums ist es, die Tarifverträge zu gestalten. In diesem Gremium sind verschiedene Stellvertreter der jeweiligen Gruppe vertreten, dienstjunge und dienstalte Co- Piloten sowie dienstjunge und dienstältere Kapitäne. Das Gremium ist aufgrund der aktuellen Pandemie in einer besonders wichtigen Rolle, da hier um massive Gehaltseinbußen und Arbeitsplätze geht. In den Verhandlungen mit der Geschäftsleitung hat das Gremium die Thematik, dass es nicht geschlossen auftritt, da die einzelnen Vertreter stark auf ihre einzelnen Positionen beharren. Jeder einzelne Vertreter führt eine doppelte Rolle aus. Zum einen ist er als gewählter Vertreter im Gremium, zum anderen ist er von den Auswirkungen persönlich in erheblichem Maße betroffen. Häufig verlaufen die Verhandlungen mit der Gegenseite frustrierend für die einzelnen Vertreter, weshalb diese sich Zeit und Raum eingeräumt haben, interr als Gremium stärker zu werden, indem eine gemeinsame Strategie gefunden wird. Bisher sind diese internen Bemühungen wenig gewinnbringend verlaufen, da auch hier einzelne Vertreter auf ihren Positionen beharren. Das *Individual- Autonomy- Projekt* wäre hier geeignet, um die Vertreter in ihrer Konfliktlösekompetenz nachhaltig zu stärken und zunächst im Gremium die Interessen der Vertreter zu erarbeiten. Die neu erworbene Konfliktlösekompetenz würde nicht nur das Gremium stärken und künftig dazu beitragen, dass die Vertreter selbstbestimmter in der Lage wären, ihre Konflikte als Chance zu nutzen. Darüber hinaus würde die erworbene Konfliktlösekompetenz auch in Verhandlungen mit der Gegenseite ein Mehrwert bieten.

Literaturverzeichnis

Auferkorte- Michaelis, Nicole, Michaelis, Lars, Rösch, Sven:
Kommunikation- Grundlage mediativer Verfahren Teil 1

(Studienkurs 71058/1 im Master of Mediation der FernUniversität Hagen
2015)

Gläßer, Ulla, **Die Selbstverantwortung der Konfliktparteien**

(Studienkurs 71055 im Master of Mediation der FernUniversität Hagen
2021)

Michaelis, Lars, Auferkorte- Michaelis, Nicole: **Kommunikation-**
Grundlage mediativer Verfahren Teil 2

(Studienkurs 71058/2 im Master of Mediation der FernUniversität Hagen)

Montada, Leo, **Psychologie der Mediation, Teil 1**

(Studienkurs 71056 im Master of Mediation der FernUniversität Hagen
2020)

Montada, Leo, **Psychologie der Mediation, Teil 2**

(Studienkurs 71057 im Master of Mediation der FernUniversität Hagen
2012)

Montada, Leo/ Kals, Elisabeth, **Mediation, Psychologische Grundlagen**
und Perspektiven

(Beltz Verlag, 3., überarbeitete und aktualisierte Auflage, Weinheim, 2013)

Schwarz, Gerhard, **Konfliktmanagement, Konflikte erkennen,**
analysieren, lösen

(Springer Gabler, 9. Auflage, Wiesbaden, 2014)

Stiksrud, Arne, **Jugend im Generationen- Kontext, Sozial- und**
Entwicklungspsychologische Perspektiven

(Westdeutscher Verlag, Opladen, 1994)

Trenczek, Thomas/ Berning, Detlev/ Lenz, Cristina (Hrsg.), **Mediation und**
Konfliktmanagement

(Nomos Verlagsgesellschaft, 2. Auflage, Baden- Baden 2017)